READING POWER
En Español

Trabajo en grupo

Técnicos en emergencias médicas

Joanne Mattern

The Rosen Publishing Group's
Editorial Buenas Letras™
New York

Published in 2003 by The Rosen Publishing Group, Inc.
29 East 21st Street, New York, NY 10010

First Edition in Spanish 2003
First Edition in English 2002

Book Design: Erica Clendening

Photo Credits: Maura Boruchow

Thanks to the Media Fire Company, Media, PA

Mattern, Joanne, 1963–
    Técnicos en emergencias médicas / por Joanne Mattern; traducción al
    español: Spanish Educational Publishing
    p. cm. — (Trabajo en grupo)
    Includes bibliographical references and index.
    ISBN 0-8239-6839-1 (library binding)
    1. Emergency medical technicians—Vocational guidance—Juvenile
    literature. [1. Emergency medical technicians. 2. Occupations. 3.
    Spanish Language Materials.]
    [DNLM: 1. Emergency Medical Technicians—Juvenile Literature. W 21.5
    M435e 2002] I. Title. II. Working together

    RC86.5 .M38 2002
    610.69'53—dc21
                               2001000594

Manufactured in the United States of America

Contenido

Te presento a los técnicos en emergencias médicas

Los técnicos en emergencias médicas ayudan a las personas que se enferman o se lastiman. Trabajan en equipo y viajan en una ambulancia.

5

Ayudan a las personas rápido.
Van a ayudar donde se enferma
o se accidenta una persona.
Después la llevan al hospital.

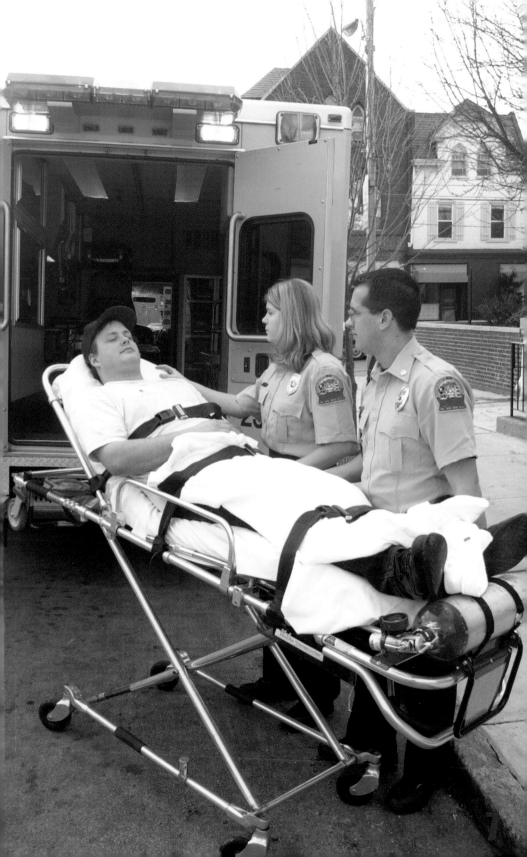

La ambulancia

Llegan en una ambulancia.
La ambulancia es como
un hospital sobre ruedas.
Tiene todo el equipo necesario.

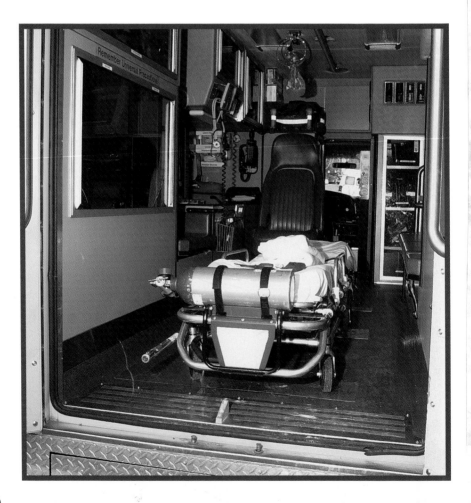

En la ambulancia hay vendas, medicamentos, aparatos médicos y otras cosas útiles.

Vendas

Listos para el rescate

Entra una llamada en el aparato
de radio. Un niño se lastimó
la pierna jugando al baloncesto.
Los técnicos van a ayudarlo.

Los técnicos trabajan juntos.
Meten al niño en la ambulancia.

Un técnico maneja
la ambulancia.
El otro atiende al niño.
Le toma la presión.

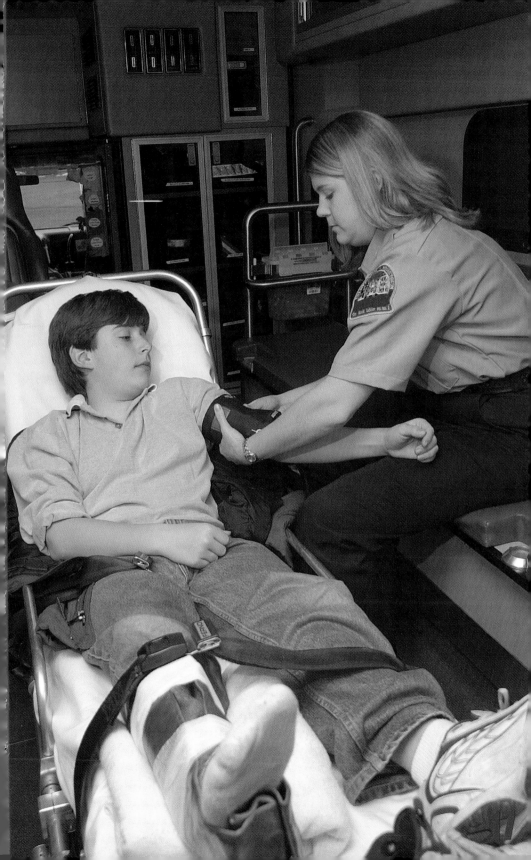

Los técnicos llegan al hospital.
Explican al médico lo que pasó.
Han cumplido su misión.
Ahora el médico se hace cargo
del niño.

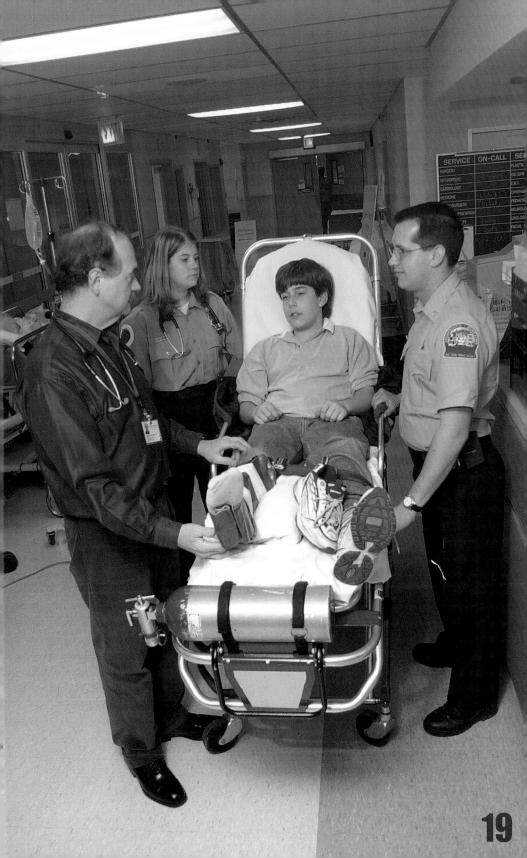

Al final del día, los técnicos
limpian la ambulancia.
Revisan los materiales.

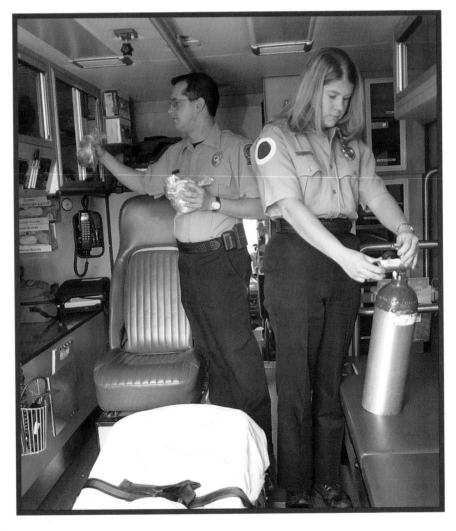

Nadie sabe qué pasará mañana.
¡Los técnicos están preparados
para cualquier emergencia!

Glosario

ambulancia (la) vehículo para llevar a las personas enfermas al hospital

emergencia (la) situación en la que hay que actuar de inmediato

hospital (el) lugar donde los médicos y los enfermeros atienden a las personas que están enfermas

lastimarse cuando una persona o animal se hace daño

presión (la) fuerza que hace la sangre contra las paredes de los vasos sanguíneos

tablilla (la) tabla de plástico, metal o madera que se usa para inmovilizar una pierna o brazo lastimado

técnico (el) alguien que sabe bien los detalles de determinado trabajo

Recursos

Libros

A Day in the Life of an EMT
Mary Bowman-Kruhm
Rosen Publishing Group (1997)

Emergency Medical Technician
E. Russell Primm
Children's Press (1998)

Índice

Número de palabras: 211

Nota para bibliotecarios, maestros y padres de familia

Si leer es un reto, ¡Reading Power en español es la solución! Reading Power es ideal para lectores hispanoparlantes que buscan un nivel de lectura accesible en su propio idioma. Ilustrados con fotografías, estos libros presentan la información de manera atractiva y utilizan un vocabulario sencillo que tiene en cuenta las diferencias lingüísticas entre los lectores hispanos. Relacionando claramente texto con imágenes, los libros de Reading Power dan al lector todo el control. Ahora los lectores cuentan con el poder para obtener la información y la experiencia que necesitan en un ameno formato completamente ¡en español!

Note to Librarians, Teachers, and Parents

If reading is a challenge, Reading Power is a solution! Reading Power is perfect for readers who want high-interest subject matter at an accessible reading level. These fact-filled, photo-illustrated books are designed for readers who want straightforward vocabulary, engaging topics, and a manageable reading experience. With clear picture/text correspondence, leveled Reading Power books put the reader in charge. Now readers have the power to get the information they want and the skills they need in a user-friendly format.